ACTION IMMÉDIATE

SEPT JOURS POUR DÉPASSER LA PROCRASTINATION ET RETROUVER VOTRE MOTIVATION

THIBAUT MEURISSE

À QUI S'ADRESSE CE LIVRE ?

Reportez-vous continuellement vos tâches à un lendemain qui n'arrive jamais ? Vous occupez-vous d'abord des tâches sans importance pour éviter de travailler sur les plus difficiles ?

Alors, ce livre est pour vous.

Tout le monde procrastine, même les gens les plus productifs sur cette planète. Mais si vous procrastinez au point où c'est néfaste pour vous, il est temps d'y remédier.

Plus précisément, vous trouverez ce livre utile si vous souhaitez :

- atténuer votre tendance à procrastiner et terminer vos tâches les plus importantes ;
- atteindre des objectifs ambitieux ou de grands rêves qui vous obligent à être plus productif ;
- arrêter de culpabiliser de ne pas avoir accompli les tâches essentielles ;
- en apprendre davantage sur votre mental et développer une conscience de soi plus profonde.

Si au moins un des points ci-dessus vous interpelle, lisez la suite.

Grâce à ce livre, vous découvrirez comment gérer la procrastination plus efficacement, en sept jours seulement.

Chaque jour, des exercices simples vous seront proposés pour vous aider à mieux comprendre la procrastination et à la dépasser. Au bout de ces sept jours, vous serez équipé d'un processus simple mais efficace qui vous aidera à terminer votre travail le plus important.

Alors, êtes-vous prêt à vous libérer de la procrastination et enfin avancer vers vos objectifs ?

VOTRE CAHIER D'EXERCICES GRATUIT

Pour vous aider à dépasser votre tendance à procrastiner, j'ai créé un cahier d'exercices qui accompagne ce livre. Assurez-vous de le télécharger à l'adresse suivante :

https://whatispersonaldevelopment.org/workbooks/

Si vous avez des difficultés à télécharger le cahier d'exercices, contactez-moi à l'adresse suivante :

thibaut.meurisse@gmail.com et je vous l'enverrai le plus rapidement possible.

Aussi, vous trouverez le cahier d'exercices à la fin de ce livre.

Augmentez vos performance avec la série *productivité*

Action immédiate est le deuxième volume de la série *productivité.* Vous trouverez le premier volume *Détox de dopamine* sur Amazon.

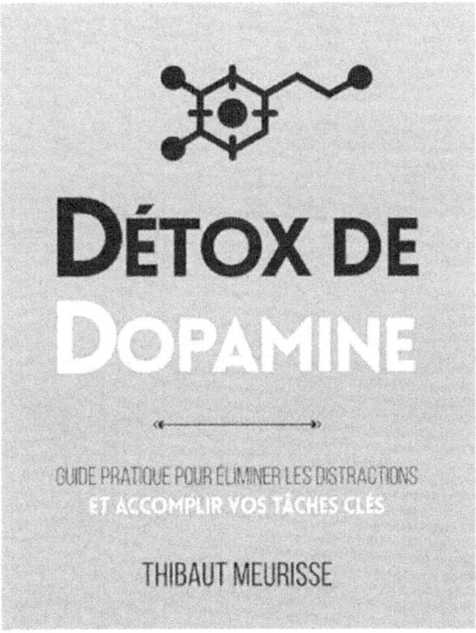

INTRODUCTION

> « Ni un homme sage ni un homme courageux ne se couche sur les traces de l'histoire pour attendre que le train du futur l'écrase.
>
> — DWIGHT. D. EISENHOWER, ANCIEN PRÉSIDENT DES ÉTATS-UNIS.

Combien de maladies n'ont pas encore été guéries, combien d'inventions attendent toujours d'être découvertes et combien de rêves n'ont pas été réalisés à cause de la procrastination ?

Le coût de la procrastination est astronomique et a sans aucun doute détruit plus de rêves que toute autre chose sur cette planète. Cette tendance insidieuse nous éloigne des tâches incontournables. Pourtant, c'est précisément notre capacité à accomplir ces tâches, à les exécuter au bon moment et avec enthousiasme ou aversion qui détermine une grande partie de nos réalisations.

Alors pourquoi laissons-nous la procrastination voler notre avenir et détruire notre potentiel ? Pourquoi la laissons-nous s'immiscer sur la route de nos rêves ? Peut-être est-ce parce que nous avons peur de ce dont nous sommes vraiment capables. Comme l'écrivait Marianne

Williamson : « Notre peur la plus profonde n'est pas que nous ne soyons pas à la hauteur. Notre peur la plus profonde est que soyons puissant au-delà de toutes limites. C'est notre lumière et non nos ténèbres qui nous effraient le plus. Nous nous demandons : *Qui suis-je pour être brillant, magnifique, talentueux et fabuleux ?* En fait, qui es-tu pour ne pas l'être ? Tu es un enfant de Dieu. Te restreindre et voir petit ne rend pas service au monde. »

La peur de découvrir ce dont nous sommes vraiment capables peut nous amener à freiner le développement de nos compétences, capacités et talents. Cela peut nous amener à jouer un rôle et à essayer de nous convaincre mutuellement que nous sommes des créatures impuissantes sans véritable talent ni capacités spéciales.

Mais est-ce vraiment le cas ?

Laissez-vous cette force invisible, la procrastination, vous empêcher d'apporter votre pierre à l'édifice du monde ?

Si c'est le cas, il est temps d'y remédier et d'agir maintenant plutôt que d'attendre un « lendemain » inatteignable.

Dans *Action immédiate*, nous découvrirons ensemble comment faire face à la procrastination intelligemment. J'ai volontairement rédigé un livre court. Lire encore un livre de 300 pages ne vous aidera probablement pas à surmonter la procrastination.

Dans ce livre, je vais vous donner des exercices quotidiens qui vous feront avancer vers un objectif simple.

En seulement sept jours, vous améliorerez votre compréhension de la procrastination et apprendrez à la dépasser ou du moins à y faire face plus efficacement.

Voici ce que nous allons explorer ensemble.

Premier jour – Désencombrez votre mental. Vous découvrirez comment libérer votre mental afin de créer une dynamique pour atteindre vos objectifs. Si vous sentez que vous êtes coincé en ce moment, vous trouverez ce premier jour particulièrement utile.

Deuxième jour – Pourquoi vous procrastinez. Nous examinerons les raisons précises pour lesquelles vous procrastinez et commencerons à élaborer un programme simple pour surmonter votre tendance à reporter votre travail.

Troisième jour – Mieux comprendre la procrastination. Nous expliquerons son fonctionnement et explorerons comment réveiller votre motivation et accomplir vos tâches clés.

Quatrième jour – Clarifiez vos objectifs. Vous apprendrez pourquoi il est essentiel d'être clair. À mesure que vous clarifierez les tâches à accomplir, votre tendance à procrastiner diminuera.

Cinquième jour – Développez une concentration à toute épreuve. Vous découvrirez que l'une des principales raisons pour lesquelles vous procrastinez concernant vos tâches les plus importantes est une stimulation excessive. Nous verrons en détail comment développer une concentration plus profonde qui vous aidera à aborder vos tâches avec plus de facilité.

Sixième jour – Libérez-vous de la peur. Nous étudierons les plus grandes peurs qui vous poussent à procrastiner et nous appliquerons quelques conseils simples pour vous aider à atténuer ces craintes.

Septième jour – Instaurez des habitudes quotidiennes bénéfiques. Vous allez créer un ensemble d'habitudes qui stimulera considérablement votre productivité tout en réduisant les risques de procrastination.

Je vous conseille de suivre ce programme sur les trente prochains jours. Mettons-nous au travail sans plus attendre.

QU'EST-CE QUE LA PROCRASTINATION ?

Dans cette section, nous allons brièvement définir la procrastination. Dans la suite du livre, nous aborderons toutes les raisons pour lesquelles vous procrastinez pour vous aider à surmonter cette habitude décourageante.

Simplement dit, vous procrastinez lorsque vous échouez à entreprendre une tâche incontournable. Ne culpabilisez pas pour autant, car tout le monde procrastine, y compris les personnes les plus accomplies sur Terre. Ainsi, le but n'est pas d'essayer d'éradiquer la procrastination (ce qui serait impossible), mais de la dompter.

Par ailleurs, la procrastination peut être considérée comme un signal de la part de votre cerveau qui vous dit : « Apparemment, soit tu ne veux pas travailler à cette tâche particulière soit tu ne peux pas. Tu devrais peut-être examiner les raisons sous-jacentes de cette tendance. »

D'un point de vue biologique, notre cerveau est en grande partie conçu pour assurer notre survie et notre reproduction. Il déteste gaspiller de l'énergie ou prendre des risques, à moins que ce ne soit absolument nécessaire. Lorsque vous ressentez le besoin de reporter une tâche, c'est souvent parce que votre cerveau la perçoit comme un gaspillage d'énergie ou un risque.

En d'autres termes, la procrastination peut être considérée comme un mécanisme de protection créé par votre mental pour augmenter vos chances de survie et de reproduction.

Cependant, de nos jours, nous vivons dans un monde très différent de celui de nos ancêtres. La plupart d'entre nous ne sont pas confrontés quotidiennement à des situations de vie ou de mort. Ainsi, la procrastination est devenue un mécanisme de protection largement obsolète. Et, si nous le laissons faire, ce mécanisme nous empêchera d'atteindre notre véritable potentiel.

Nous pouvons aussi voir la procrastination comme une conséquence de notre nature humaine. Contrairement aux autres êtres vivants, nous avons l'opportunité de faire des choix et de façonner notre avenir. L'inconvénient, c'est que nous devons constamment décider d'agir ou non et choisir entre surmonter nos peurs et les fuir.

À présent, avant d'apprendre à gérer la procrastination, abordons un exercice simple afin de créer la motivation nécessaire pour agir.

1

PREMIER JOUR – DÉSENCOMBREZ VOTRE MENTAL

> Rien n'est aussi fatiguant que de remettre perpétuellement à plus tard une tâche inachevée.
>
> — WILLIAM JAMES, PHILOSOPHE.

Vous sentez-vous dépassé ? Avez-vous du mal à accomplir les tâches incontournables ?

Si tel est le cas, aujourd'hui, nous allons débloquer votre situation.

En réalité, notre mental n'aime pas penser à trop de choses en même temps. Pourtant, on lui demande de traiter de nombreuses informations. Ce que notre mental déteste avant tout, ce sont les boucles ouvertes. Les boucles ouvertes représentent toutes les tâches inachevées auxquelles il doit penser en arrière-plan, comme :

- des courriels en attente ;
- des impôts non payés ;
- des projets incomplets ;
- des conversations inachevées ;
- des tâches ménagères ;
- des problèmes non résolus, et ainsi de suite.

Lorsque vous accumulez des tâches inachevées, vous créez de multiples boucles ouvertes qui encombrent votre espace mental. Dans une telle situation, la réaction naturelle de votre mental ainsi submergé est de s'arrêter, et vous vous retrouvez coincé.

Cela vous dit quelque chose ?

Heureusement, il existe des moyens de neutraliser cette dynamique. Aujourd'hui, nous allons désencombrer votre mental afin de clarifier vos objectifs et de développer une nouvelle dynamique pour dépasser la procrastination. Je vous invite à effectuer l'un des deux exercices suivants :

Exercice 1 – Terminez une tâche majeure

- Sélectionnez une tâche majeure que vous repoussez depuis un certain temps. *Majeure* ne signifie pas nécessairement *longue* ; il s'agit plutôt d'une tâche que vous avez du mal à accomplir, comme nettoyer votre appartement, ou une tâche plus importante, comme terminer un projet important au travail.
- Ensuite, vous devez vous attaquer à cette tâche dès aujourd'hui et y travailler jusqu'à ce qu'elle soit totalement terminée. Si vous avez besoin de plus de temps, engagez-vous à la terminer cette semaine.

Dès que vous aurez terminé cette tâche principale que vous reportez depuis très longtemps, vous éprouverez une poussée de motivation et vous aurez probablement envie de continuer. Si c'est le cas, maintenez cette dynamique en vous attaquant à d'autres tâches.

Exercice 2 – Désencombrez votre mental

- Sur le cahier d'exercices, faites une liste de toutes vos tâches inachevées. Notez tout ce que vous devriez avoir fait mais que vous n'avez pas encore fait. Cela peut être répondre à un courriel, payer vos impôts, prendre un rendez-vous ou faire le ménage.

- Ensuite, prévoyez du temps aujourd'hui pour accomplir autant de ces tâches que possible. Voyez combien vous pouvez en terminer.

Cet exercice vous aidera à libérer de l'énergie et à éliminer l'impression d'être bloqué. Par conséquent, la motivation à accomplir de plus en plus de tâches en sera amplifiée.

Aujourd'hui, il vous suffit de faire au moins un de ces deux exercices. Vous êtes encore là ? Qu'attendez-vous ? Allez terminer ces tâches !

Demain, nous discuterons plus en détail de la raison pour laquelle vous procrastinez.

* * *

Mise en pratique

- Sélectionnez la plus grande tâche pour laquelle vous procrastinez, commencez-la dès maintenant et terminez-la.
- Notez toutes les tâches incontournables. Ensuite, allez en compléter autant que possible.

2

DEUXIÈME JOUR – POURQUOI VOUS PROCRASTINEZ

> C'est le travail qu'on ne commence jamais qui est le plus long à terminer.
>
> — J.R.R. TOLKIEN, AUTEUR.

Aujourd'hui, nous allons examiner précisément pourquoi vous procrastinez.

En réalité, nous procrastinons pour diverses raisons qui sont souvent liées au mécanisme de protection mentionné plus tôt. En bref, nous hésitons à investir de l'énergie pour une tâche ou bien nous considérons la tâche comme un risque pour notre survie ou celle de notre ego.

Passons en revue quelques raisons spécifiques qui peuvent nous amener à procrastiner.

- **Un manque de clarté.** Si nous ne savons pas exactement ce que nous devons faire, comment nous y prendre ni pourquoi notre travail est important, nous le reportons.
- **Une compréhension insuffisante.** Sans une bonne compréhension de la nature de la procrastination et de son

fonctionnement, nous nous retrouvons à reporter les choses plus souvent que nous le souhaiterions.

- **Une faible concentration.** Lorsque nous sommes sous l'emprise d'une stimulation excessive constante, nous sommes incapables de nous concentrer sur des tâches que nous percevons comme difficiles, désagréables ou ennuyeuses.
- **La peur.** Lorsque nous avons l'impression de ne pas être à la hauteur ou lorsque nous redoutons l'opinion des autres à notre sujet, nous repoussons nos rêves indéfiniment.
- **Un manque d'urgence.** Ne sentant pas vraiment d'urgence, nous pensons toujours pouvoir travailler sur notre tâche demain, la semaine prochaine ou le mois prochain.
- **Un manque d'habitudes efficaces.** Sans habitudes quotidiennes solides pour nous aider à nous immerger dans nos tâches les plus importantes, nous sommes distraits par des choses insignifiantes, par exemple, les courriels, les réseaux sociaux, YouTube, etc.
- **Des obstacles inutiles.** Si nous ne parvenons pas à créer un environnement sans obstacles, nous avons du mal à nous attaquer à nos tâches les plus importantes.
- **Une surcharge mentale.** Ayant trop de tâches ou corvées inachevées, nous sommes débordés.

Qu'en est-il de vous ? Savez-vous pourquoi vous procrastinez ? Manquez-vous de clarté ? Avez-vous peur de produire un travail médiocre ? Votre environnement est-il incompatible ? Crée-t-il une résistance ?

Aujourd'hui, je vous invite à réfléchir à toutes les raisons pour lesquelles vous procrastinez. Pour vous y aider, effectuez les exercices ci-dessous sur le cahier d'exercices.

* * *

Mise en pratique

1. Sur le cahier d'exercices, évaluez-vous sur une échelle de 1 à 10 (1 étant faux, 10 étant vrai) pour chaque énoncé ci-dessous :

- je suis perplexe quant à ce que je dois faire ou comment le faire ;
- j'attends que la motivation se manifeste ;
- je suis distrait et incapable d'accomplir des tâches difficiles ;
- j'ai peur de produire un travail médiocre ;
- je n'ai pas déterminé de délai et je ne ressens aucune urgence ;
- je n'ai pas d'habitudes quotidiennes qui m'aideraient à commencer à travailler ;
- mon environnement est propice aux comportements improductifs ou toxiques ;
- j'ai trop de choses à faire et je ne sais pas par où commencer.

2. Sur le cahier d'exercices, réfléchissez à toutes les raisons pour lesquelles vous procrastinez.

a. Notez trois tâches que vous repoussez depuis plusieurs mois ou un an.

b. À présent, notez toutes les raisons pour lesquelles vous croyez avoir procrastiné. Soyez honnête avec vous-même. Est-ce la peur de produire un travail médiocre ? Est-ce parce que vous n'étiez pas suffisamment motivé ? Est-ce parce que vous ne saviez pas exactement comment aborder la tâche ?

c. Ensuite, réfléchissez profondément. Faites une liste de tout ce que vous pourriez faire pour arrêter de procrastiner ou au moins réduire cette tendance.

3

TROISIÈME JOUR – MIEUX COMPRENDRE LA PROCRASTINATION

> Ce n'est pas parce que les choses sont difficiles que nous n'osons pas, mais parce que nous n'osons pas qu'elles sont difficiles.
>
> — SÉNÈQUE, PHILOSOPHE ROMAIN STOÏQUE.

Même si notre tendance à la procrastination est forte, elle n'est pas insurmontable. Il existe de nombreuses manières de dépasser la procrastination ou, du moins, d'y faire face plus efficacement. Cela commence par comprendre comment fonctionne la motivation et par changer notre perception de la procrastination.

Le fonctionnement de la motivation

Pour surmonter la procrastination, vous devez comprendre comment fonctionne la motivation. Beaucoup de gens pensent avoir besoin de davantage de motivation pour agir sur leurs objectifs. Bien que cela aide certainement, il est impossible de se sentir motivé tout le temps. Certains jours, nous avons hâte de travailler sur nos tâches, tandis que d'autres jours, nous n'aurons pas du tout envie de nous y concentrer.

Par conséquent, la clé est de réaliser que la motivation ne mène pas à l'action, mais plutôt que l'action conduit à la motivation. En d'autres termes, le fait de commencer une tâche génère de la motivation. Vous l'avez probablement déjà vécu. Après avoir lutté pour travailler sur une tâche, vous avez finalement réussi à vous y atteler. Au bout de quelques minutes, vous avez commencé à vous sentir plus motivé et à travailler sur votre projet bien plus longtemps que prévu. Ainsi, c'est souvent l'action qui crée la motivation plutôt que l'inverse.

Le célèbre écrivain, Stephen King, n'attend pas que la motivation vienne. Tous les matins, il s'assoit à son bureau et écrit. Et à mesure qu'il commence à écrire, l'inspiration vient. Autrement dit, il n'attend pas que sa muse apparaisse, il provoque sa présence.

Il n'est pas nécessaire d'être motivé pour faire quoi que ce soit. Le concept de « raisonnement émotionnel », selon lequel notre ressenti est obligatoirement révélateur d'une réalité, est erroné.

- Vous manquez de motivation, par conséquent, vous ne pouvez pas terminer cette tâche aujourd'hui.
- Vous avez une appréhension, par conséquent, vous ne pouvez pas inviter cette personne quelque part.
- Vous êtes fatigué, par conséquent, vous ne pouvez pas travailler sur votre activité parallèle aujourd'hui.

En raison d'une telle manière de penser, vous finissez par procrastiner. Comme je l'ai écrit dans *Master Your Time*, ce que les gens appellent « être discipliné » peut être reformulé par « s'aligner sur la réalité » ; la réalité que nous n'avons pas nécessairement besoin de sentir pour travailler à notre tâche la plus importante. Ou, comme l'écrivain et artiste Elbert Hubbard l'a dit : « L'autodiscipline est la capacité de faire ce que vous devez faire au moment où vous devez le faire, que cela vous plaise ou non. »

Qu'en est-il de vous ? À quelle fréquence êtes-vous victime de « raisonnement émotionnel »?

Se débarrasser des modèles erronés

Concernant la procrastination, il est aussi essentiel de comprendre que certains modèles mentaux aggravent les choses. Ainsi, il est important de comprendre ce que sont ces modèles mentaux négatifs et de les remplacer par des modèles plus valorisants.

En voici deux.

1. Moi présent ou moi futur

L'idée selon laquelle notre futur moi serait une entité réelle qui existe quelque part est un modèle mental qui nous amène à procrastiner. En effet, nous nous fourvoyons, en prétendant que notre futur moi fera le travail pour nous demain, la semaine prochaine ou l'année prochaine. Et c'est encore pire lorsque nous percevons notre futur moi d'une manière complètement irréaliste. Nous le voyons meilleur, plus fort et plus intelligent que nous le sommes actuellement.

Cependant, c'est totalement illogique. Notre futur moi n'est rien de plus que le résultat de nos actions dans le présent. Si nous ne travaillons pas à devenir meilleurs, plus forts et plus intelligents aujourd'hui, il est impensable de croire que notre futur moi possédera toutes ces merveilleuses qualités.

Afin de dépasser la procrastination, vous devez réaliser qu'il n'y a pas d'avenir sur lequel vous pouvez décharger le fardeau de vos tâches actuelles. Demain, votre futur moi deviendra votre moi présent et fera face aux mêmes problèmes.

2. Survivre ou prospérer

Comme nous l'avons vu précédemment, votre mental est conçu pour assurer votre survie. Mais il n'est pas conçu pour vous aider à prospérer. Beaucoup de gens laissent leur ancien cerveau les dominer. Ils considèrent que s'ils n'ont pas envie de faire quelque chose, ils ne devraient pas le faire. Ces gens ne font que survivre. Ils évitent de faire face à leurs peurs et ne font pas d'efforts pour atteindre leurs objectifs. Si vous voulez prospérer, vous devez comprendre que votre cerveau est, à bien des égards, obsolète. Vous devez surmonter votre peur du rejet, le manque de motivation et les autres problèmes qui découlent de la façon dont fonctionne votre ancien cerveau.

Le philosophe des affaires, Jim Rohn, a dit : « En tant qu'être humain, nous avons reçu l'honneur de pouvoir faire des choix. Alors que d'autres êtres vivants comptent sur leur instinct, vous avez le pouvoir de passer outre votre instinct et vos émotions négatives afin de vous épanouir. D'une certaine façon, la procrastination est la tension omniprésente entre notre instinct animal et notre but supérieur. Telle est la conséquence du fait d'être humain. »

À tout moment, vous pouvez déterminer si vous voulez survivre ou prospérer. C'est à vous de voir.

* * *

Mise en pratique

1. Sur le cahier d'exercices, évaluez-vous de 1 à 10 (1 étant faux, 10 étant vrai) sur les affirmations suivantes :

- je sais exactement pourquoi je procrastine ;
- je comprends parfaitement comment fonctionne la motivation ;
- je comprends que la procrastination vient de pensées erronées.

2. Sur la base de ce que vous venez d'apprendre, écrivez deux choses précises que vous allez mettre en œuvre dès aujourd'hui pour éviter de procrastiner sur vos tâches les plus importantes ou sur ce que vous devriez faire.

3. Notez les conséquences à long terme si vous continuez à procrastiner. Pensez aux pires scénarios. Quels rêves resteront inaccomplis ? Quels objectifs ne réussirez-vous pas à atteindre ? Qu'arrivera-t-il à votre santé ? Visualisez en détail le coût réel de la procrastination dans votre vie. Exagérez le côté négatif du récit.

4

QUATRIÈME JOUR – CLARIFIEZ VOS OBJECTIFS

> Les choses peuvent venir à ceux qui attendent, mais seulement les choses laissées par ceux qui se démènent.
>
> — ABRAHAM LINCOLN, ANCIEN PRÉSIDENT DES ÉTATS-UNIS.

Souvent, il y a une raison simple pour laquelle nous procrastinons : un manque de clarté. Aujourd'hui, nous allons discuter de la raison pour laquelle un manque de clarté est préjudiciable à votre productivité et comment y remédier.

Habituellement, vous procrastinez pour les raisons suivantes :

- vous n'avez aucune raison de terminer la tâche qui vous attend (intention) ;
- vous ne parvenez pas à visualiser précisément le résultat final (aboutissement) ;
- vous ne savez pas comment aborder la tâche (procédé).

1. Vous n'avez aucune raison de terminer la tâche qui vous attend (intention)

Imaginez que je vous demande de consacrer du temps à votre passe-temps préféré. Est-ce que vous procrastineriez ? Bien sûr que non.

Souvent, nous procrastinons sur une tâche parce qu'elle ne présente aucun intérêt pour nous (et/ou nous ne l'apprécions pas). Si nous avions une raison claire et suffisamment convaincante d'y travailler, nous le ferions. Par conséquent, chaque fois que vous sentez que vous procrastinez, demandez-vous pourquoi cette tâche est importante. Parfois, la réponse sera évidente. Parfois, ce ne sera pas le cas. Vous pourriez même réaliser que vous ne devriez pas travailler sur la tâche en question ou que vous devriez la déléguer.

Si vous ne trouvez pas de réponse convaincante, essayez ce qui suit :

- Développez des raisons spécifiques d'accomplir cette tâche (renforcez votre pourquoi). Vous pouvez écrire vos réponses pour vous y aider.
- Demandez-vous ce qui se passera à long terme si vous ne terminez pas la tâche. Quelles sont les conséquences négatives ?
- Visualisez à quel point vous vous sentirez bien une fois la tâche terminée.
- Simplement, attelez-vous à cette tâche et rappelez-vous qu'elle est probablement plus facile que vous ne le craigniez.

2. Vous ne parvenez pas à visualiser précisément le résultat final (aboutissement).

Vous procrastinez également lorsque vous ne savez pas à quoi devrait ressembler le résultat final. Si vous vous trouvez dans cette situation, assurez-vous de déterminer précisément l'objectif que vous souhaitez atteindre. Essayez de visualiser le résultat final.

Pour vous y aider, posez-vous les questions suivantes :

- Est-ce que je sais exactement ce que j'essaie d'accomplir ?

- Puis-je visualiser le résultat final ?

Sinon, essayez les étapes suivantes :

- prenez une feuille de papier et écrivez exactement ce que vous essayez d'accomplir ;
- essayez de déterminer un objectif précis et mesurable ;
- demandez à vos supérieurs de vous donner plus de détails et de préciser ce qu'on attend de vous.

Plus l'objectif sera clair, plus il vous sera facile de commencer.

3. Vous ne savez pas comment aborder la tâche (procédé)

Avez-vous déjà accompli une tâche similaire ? Si ce n'est pas le cas, vous ne savez probablement pas comment l'aborder. Prenez le temps d'identifier la façon la plus efficace de l'aborder. Sinon, vous ne ferez que rencontrer des obstacles et vous perdrez probablement du temps et de l'énergie.

Lorsque vous êtes dans cette situation, essayez ce qui suit :

- prenez note d'un plan spécifique pour accomplir la tâche ;
- demandez à quelqu'un qui a déjà accompli une tâche similaire de vous aider à définir la meilleure approche ;
- recherchez en ligne des conseils sur la façon d'aborder la tâche le plus efficacement possible.

Comme vous pouvez le voir, souvent vous ne procrastinez pas parce que vous êtes paresseux, mais parce que votre objectif n'est pas clair.

Pour conclure, chaque fois que vous vous retrouvez à procrastiner sur une tâche spécifique assurez-vous de connaître l'intention, l'aboutissement et le procédé.

* * *

Mise en pratique

Effectuez les exercices suivants sur le cahier d'exercices :

Sélectionnez l'un des trois exemples que vous avez mentionnés lors du premier jour.

En utilisant votre nouvelle compréhension de la façon dont fonctionne la procrastination, répondez aux questions suivantes :

- Pourquoi dois-je accomplir cette tâche ou ce projet ? Pourquoi est-ce important ? Et comment pourrais-je le rendre plus important et urgent pour moi ?
- Est-ce que je sais exactement à quoi doit ressembler le résultat final ? Si ce n'est pas le cas, quelles étapes précises vais-je déterminer pour le découvrir ?
- Est-ce que je connais la meilleure façon d'aborder la tâche ? Si ce n'est pas le cas, quelles mesures concrètes puis-je prendre pour y arriver ?
- Chaque fois que c'est pertinent, prenez des mesures pour remédier à votre manque de clarté (intention, aboutissement ou procédé).

5

CINQUIÈME JOUR – DÉVELOPPEZ UNE CONCENTRATION À TOUTE ÉPREUVE

> Le manque d'orientation est le vrai problème, pas le manque de temps. Nous avons tous des journées de 24 heures.
>
> — ZIG ZIGLAR, CONFÉRENCIER MOTIVATEUR.

Passez-vous sans cesse d'une distraction à l'autre ? Pour une raison quelconque, vous sentez l'envie de reprendre un café, de regarder encore une vidéo ou de jeter un autre coup d'œil rapide à vos réseaux sociaux.

Mais pourquoi éprouvez-vous tant de résistance quand vient le temps de vous asseoir et de travailler sérieusement ?

Une des réponses à cette question est que vous êtes en proie à une stimulation excessive. Plus vous fuyez vos tâches en vous distrayant, plus vous ressentez le besoin impérieux de vous distraire.

Et lorsque vous êtes trop stimulé, il devient difficile, voire impossible de vous atteler à la tâche la plus importante. Votre mental n'est tout simplement pas prêt à se calmer et à se concentrer sur une tâche difficile.

Pour aborder des tâches difficiles, déplaisantes ou ennuyeuses, vous devez d'abord réduire votre niveau de stimulation. Éliminez autant de distractions que possible et travaillez sur vos tâches les plus importantes avant de vous engager dans des activités stimulantes.

Voici quelques exemples d'activités très stimulantes :

- vérifier des statistiques (fluctuations de marchés, chiffres de ventes, nombres de vues sur votre dernière vidéo, etc.) ;
- lire vos courriels ;
- regarder votre téléphone ;
- aller sur vos réseaux sociaux ;
- jouer à des jeux vidéo ;
- regarder des vidéos sur YouTube, et ainsi de suite.

Internet est probablement la plus grande source de distraction. Par conséquent, il pourrait être pertinent d'éviter d'utiliser Internet le matin et de travailler avec le Wi-Fi éteint.

Pour résumer, l'une des façons les plus efficaces de surmonter la procrastination est de travailler sur votre tâche la plus importante en premier, et éviter les distractions à tout prix.

Par exemple, quand j'écris dès le matin, il m'est relativement facile de me concentrer. Par contre, si je fais l'erreur de vérifier mes courriels, d'aller sur YouTube ou de faire défiler mon fil d'actualités Facebook, je pourrais passer la journée sans écrire une ligne. Étant trop stimulé, je ne pourrai pas me concentrer sur mon écriture.

Notez que lorsque vous êtes excessivement stimulé, votre mental génère toutes sortes de ruses pour vous empêcher de commencer ou de reprendre votre travail. En voici quelques-unes :

- Ruse n°1 : retourner au travail est facile. Votre mental vous dira que vous pouvez retourner au travail quand vous le voulez. Mais en réalité, il vous sera presque impossible de le faire.
- Ruse n°2 : vous pourrez le faire plus tard. Votre mental vous mentira en vous disant que vous pouvez toujours accomplir

une certaine tâche plus tard dans la journée, ou peut-être que cela peut attendre demain. Mais demain, vous aurez d'autres tâches à accomplir, et le cycle se poursuivra.
- Ruse n°3 : l'enthousiasme est synonyme d'accomplissement. Votre mental vous convaincra que vous avez besoin d'enthousiasme, mais l'enthousiasme ne vous apportera jamais un sentiment durable d'accomplissement.

Dans le premier livre de cette série, *Détox de dopamine*, j'explique en détail comment réduire votre niveau de stimulation afin de rester concentré sur vos tâches les plus importantes et atteindre vos objectifs. Si l'excès de stimulation est un problème pour vous, je vous encourage à le consulter.

* * *

Mise en pratique

Aujourd'hui, effectuez les exercices suivants sur le cahier d'exercices :

- Que pourriez-vous faire précisément pour réduire le niveau de stimulation auquel vous êtes exposé dans la journée ? Proposez au moins trois idées.
- Quelle initiative unique allez-vous prendre aujourd'hui pour réduire les distractions et les stimulations, et faciliter l'accomplissement de la tâche la plus importante ?

6

SIXIÈME JOUR – LIBÉREZ-VOUS DE LA PEUR

> Un « jour » n'est pas un jour de la semaine.
>
> — JANET DAILEY, ROMANCIÈRE.

La procrastination peut être générée par certaines craintes sous-jacentes. Vous pourriez avoir peur de produire un travail insatisfaisant. Vous pourriez avoir peur de ne pas être à la hauteur. C'est une crainte commune dont souffrent la plupart des gens, et peut-être même tout le monde.

La peur de ne pas être à la hauteur conduit beaucoup de gens à bloquer leur véritable potentiel, à ne jamais faire profiter le monde de leurs talents et à renoncer à poursuivre leurs rêves. Pour ce qui est de la peur de ne pas être à la hauteur, j'aime mentionner les citations suivantes, car je crois qu'elles sont révélatrices :

« Quand j'ai gagné l'Oscar, je pensais que c'était un coup de chance. Je pensais que tout le monde allait le découvrir et qu'ils le reprendrait. Je pensais que quelqu'un allait venir frapper à ma porte et me dire : « Excusez-moi, le prix devait revenir à Meryl Streep. » Jodie Foster, actrice.

« Je me suis dit : « Pourquoi quelqu'un voudrait-il me revoir dans un film ? » Et je ne sais pas jouer de toute façon, alors pourquoi est-ce que je fais ça ? » Meryl Streep, actrice.

Ainsi, même les personnes les plus accomplies peuvent éprouver le sentiment de ne pas être à la hauteur. En fait, je soupçonne que c'est précisément cette peur qui pousse de nombreux grands talents à s'améliorer et à accomplir de plus grandes choses.

La différence entre les gens qui réussissent et les autres, c'est que les gens qui réussissent utilisent leur sentiment d'inaptitude pour s'améliorer. Ils font face à leurs peurs et les surmontent pour progresser.

Qu'en est-il de vous ? De quoi avez-vous peur ? Pourquoi ne travaillez-vous pas à vos tâches incontournables ? Si vous avez peur de produire un travail insatisfaisant, sachez que vous n'avez que deux choix dans la vie. Vous pouvez :

1. éprouver des sentiments d'inaptitude et les laissez contrôler votre vie ;
2. éprouver des sentiments d'inaptitude et agir malgré eux.

Le choix que vous ferez déterminera votre avenir, en grande partie. Si vous continuez à procrastiner, vous allez constamment vous dévaluer. De plus, les sentiments d'inaptitude peuvent empirer avec le temps. Inversement, si vous agissez malgré un sentiment d'inaptitude omniprésent, vous serez en mesure d'atteindre bon nombre de vos objectifs et par conséquent, votre aurez davantage confiance en vous et le sentiment d'inaptitude diminuera. Alors, qu'allez-vous choisir ?

Vous pouvez atténuer un sentiment d'inaptitude de plusieurs manières. Passons-en quelques unes en revue.

Accepter vos sentiments

La première étape est de réaliser que vous n'êtes pas seul. Comme nous l'avons mentionné précédemment, certaines individus parmi les plus accomplis sur cette planète ont l'impression d'être des imposteurs. Ils vivent toute leur carrière dans la peur que d'autres découvrent qu'ils ne méritent pas leur réussite.

Est-ce votre impression aussi ? Si c'est le cas, c'est normal. Acceptez ces sentiments. C'est la première étape pour les changer.

Embrassez vos sentiments

Avez-vous déjà pensé que votre sentiment d'inaptitude pourrait être bénéfique ? Nous passons tellement de temps à nous auto-critiquer et à nous flageller que nous négligeons souvent la raison pour laquelle nous éprouvons des émotions « négatives ».

Et si ces peurs étaient là pour vous aider ? L'un des rôles essentiels de nos émotions est de nous guider. Elles nous indiquent si nous sommes sur la bonne voie ou non. Elles révèlent notre nature la plus profonde et nous encouragent à apporter des changements pour améliorer nos vies.

Si vous avez peur de ne pas être à la hauteur ou de produire un travail insatisfaisant, cela signifie probablement que vous placez la barre relativement haut. Vous savez que vous avez des capacités significatives, et vous avez raison. À mesure que vous développez vos compétences, vous améliorez votre vie dans de nombreux domaines.

Vous vous estimez suffisamment pour reconnaître votre potentiel. Vous examinez sincèrement l'impact de vos actions sur le monde qui vous entoure. C'est merveilleux. Vous êtes aussi assez humble pour reconnaître que vous pouvez progresser et que vous avez encore beaucoup à apprendre.

Par conséquent, pourquoi ne pas reconsidérer la façon dont vous percevez vos peurs ? Pourquoi ne pas voir leur véritable nature, à savoir :

- un signe que vous aspirez à l'excellence pour vous-même ; et
- un outil pour progresser et vous perfectionner à l'avenir.

Pratiquez la compassion de soi

Comme tout être humain, vous faites toujours de votre mieux avec ce que vous avez à votre disposition. Si vous en saviez davantage, vous agiriez différemment. Chaque fois que vous remarquez un sentiment d'inaptitude, reconnaissez-le. Ensuite, rappelez-vous que tout va bien pour vous. Vous flageller ne vous mènera nulle part, mais vous encourager et vous rappeler que vous êtes tout simplement humain augmentera considérablement votre résilience émotionnelle et révélera votre potentiel, bien plus que vous ne l'imaginez.

Vous avez peut-être une image négative de la compassion de soi. Si tel est le cas, c'est probablement parce que vous adhérez à un ou plusieurs mythes à ce sujet. Je vous propose d'en démystifier quelques-uns, à présent.

1. **Je dois me flageller pour être productif.** Beaucoup de gens pensent que s'ils ne sont pas durs avec eux-mêmes, ils tomberont dans la complaisance, mais en réalité, c'est tout le contraire. Une telle croyance vient d'un manque de confiance en soi. En pratiquant la compassion de soi et en apprenant à avoir confiance en soi, votre motivation se développera, ce qui vous mènera à être plus productif. Essayez, vous verrez.

2. **La compassion de soi est égoïste.** Pour certaines personnes, la compassion de soi peut sembler égoïste. En réalité, c'est tout le contraire. Si vous ne prenez pas suffisamment soin de vous-même, il vous restera peu d'énergie mentale pour prendre soin de votre entourage. Plus vous entretenez la compassion de soi, mieux vous vous sentirez et mieux vous traiterez les gens.

3. **La compassion de soi, c'est pour les faibles.** Les hommes ne devraient pas pratiquer la compassion de soi, et ils ne devraient pas pleurer non plus, n'est-ce pas ? C'est absurde. La compassion de soi est l'outil essentiel de résilience émotionnelle. C'est le filet de sécurité de votre bien-être émotionnel. Quand vous la pratiquez, vous devenez comme une roseau. Vous vous plierez avec le vent mais ne vous briserez jamais. Peu importe ce qui arrive, vous serez capable de vous relever et de continuer. Ainsi, la compassion de soi

vous rendra plus fort, pas plus faible. De même, la soi-disant « estime de soi » n'est souvent rien d'autre que le mensonge que nous nous racontons, le masque que nous portons. La compassion de soi, c'est reconnaître pleinement que nous sommes des êtres humains imparfaits et que nous essayons de faire de notre mieux. Cette seule reconnaissance nous rend plus réceptifs, contribue à notre bien-être et paradoxalement, nous aide à accomplir davantage.

Considérez-vous comme un élève à vie

Vous avez raison. Vous n'êtes pas à la hauteur, pas encore. Le mot *encore* est essentiel ici. L'ajout de ce simple mot change tout.

Vous devriez vous considérer comme un élève à vie. Lorsque votre identité et votre confiance en vous sont fondées sur votre désir d'apprendre et de vous améliorer, les choses deviennent plus faciles. Soudainement, vous adorerez l'idée d'apprendre des nouvelles choses et vous vous évaluerez en fonction de vos progrès. Vous aurez la joie d'apprendre de nouvelles compétences ou d'accomplir des tâches difficiles. L'impression de ne pas être à la hauteur disparaît parce que vous comprenez que vous n'atteindrez jamais la perfection absolue, il n'y a aucune destination finale. La vie est un magnifique voyage dans lequel vous appréciez tous vos progrès, même les plus petits, ainsi que chaque nouvelle vision que vous découvrez sur vous-même et le monde.

Par conséquent, je vous encourage à utiliser les conseils suivants afin de redéfinir votre perception de vous-même :

- je ne suis peut-être pas aussi doué que je le voudrais, mais je m'améliore constamment et j'apprécie pleinement le processus ;
- j'aime me mettre face à des épreuves et accomplir des tâches difficiles parce que je sais que cela m'aide à m'améliorer ;
- j'adore apprendre et découvrir de nouvelles choses sur moi et sur le monde qui m'entoure ;
- je suis parfaitement bien où je suis actuellement, et j'ai hâte de me développer et d'en apprendre davantage.

Rappelez-vous que vous êtes un éternel élève. Vous avez la capacité d'apprendre presque toutes les compétences que vous désirez. La seule chose qui peut vous en empêcher, c'est la peur de ne pas être à la hauteur de la tâche, la peur de produire un travail insatisfaisant. Mais, en vérité, ne pas être à la hauteur est impossible, parce que vous faites toujours de votre mieux, en fonction de votre niveau actuel. Et plus vous agirez, plus vous vous développerez.

Arrêtez d'exagérer votre situation

Si vous avez du mal à accomplir les tâches les plus importantes, c'est souvent parce que vous en faites tout un plat. C'est ainsi que notre mental fonctionne parfois. Il veut nous empêcher de gaspiller notre énergie limitée en nous faisant croire que les choses inutiles pour notre survie sont plus difficiles qu'elles ne le sont réellement.

En réalité, la majeure partie de ce que les autres font, vous pouvez le faire aussi. Par exemple, beaucoup de gens croient qu'ils ne pourront jamais passer à la télévision ou créer une chaîne YouTube parce qu'ils ont peur de montrer leur visage. Ou ils croient qu'ils ne pourront jamais écrire un livre. Ils voient les « personnes qui réussissent » comme faisant partie d'une autre catégorie d'individus, qui font des choses qu'ils ne pourraient jamais faire. Mais est-ce vraiment le cas ? Bien sûr, certaines personnes qui réussissent sont brillantes, mais dans de nombreux cas, ce qu'elles peuvent réaliser, vous le pouvez aussi.

À cet égard, j'ai constaté que pour changer mes croyances et renforcer ma confiance je devais faire l'impossible. Par cela, je veux dire faire quelque chose que je *croyais* impossible, quelque chose que je ne pensais pas être capable de réaliser. Ainsi, mon modèle de réalité a totalement changé et je me suis demandé : « Que puis-je accomplir d'autre ? ». Si j'ai réussi, vous réussirez aussi.

Peut-être que la chose impossible pour vous est :

- approcher une personne que vous appréciez et l'inviter quelque part ;
- appeler à froid un client potentiel ;

- prononcer un discours en public ;
- prendre une douche froide ou un bain de glace (qui permet de réduire les émotions négatives, renforcer le système immunitaire et construire une discipline) ;
- dire à quelqu'un ce que vous ressentez ;
- courir un marathon ;
- sauter en parachute ;
- écrire un livre, et ainsi de suite.

Rappelez-vous que si quelqu'un l'a fait avant, vous pouvez probablement le faire aussi, même si cela vous semble impossible.

Vous avez souvent du mal à accomplir une tâche en raison de l'histoire que vous vous racontez et de la façon dont vous la visualisez (c'est-à-dire, en faire tout un plat). Si c'est le cas, la meilleure solution pourrait être de vous voir comme un éternel élève, enthousiasmé par le voyage à venir.

* * *

Mise en pratique

Effectuez les exercices suivants sur le cahier d'exercices :

- Acceptez complètement votre peur de ne pas être à la hauteur.
- Notez tout ce que vous pourriez accomplir à l'avenir en vous attelant aux tâches incontournables, qu'elles vous plaisent ou non (au lieu de procrastiner).
- Divisez vos tâches en tâches plus petites. Rendez-les aussi faciles à réaliser que possible.
- Considérez-vous comme un élève à vie. Vous ne serez jamais assez doué ni même parfait, parce que la vie est un éternel processus. Apprenez à apprécier ce processus.

7

SEPTIÈME JOUR – INSTAUREZ DES HABITUDES QUOTIDIENNES BÉNÉFIQUES

> Vous ne changerez jamais votre vie sans changer quelque chose que vous faites chaque jour. Le secret de la réussite se trouve dans votre routine quotidienne.
>
> — JOHN C. MAXWELL, PASTEUR ET EXPERT EN LEADERSHIP.

Dans un sens, nous pouvons dire que la procrastination est surtout une habitude ; qui plus est, une mauvaise. Puisque notre mental a tendance à fuir les tâches difficiles, nous devons l'habituer à nous rendre service, et non l'inverse. L'une des façons les plus efficaces d'y parvenir est de mettre en œuvre des habitudes quotidiennes. Lorsque vous faites quelque chose de façon constante tous les jours pendant une période suffisamment longue, cela devient une habitude solide. Et juste une ou deux habitudes solides sur le long terme peuvent avoir un impact positif énorme sur votre vie.

En ce qui concerne la procrastination, vos habitudes quotidiennes vous aideront à activer votre mental et à approfondir votre concentration. Au lieu d'être trop stimulé, vous serez calme et concentré. Vous aurez ainsi plus de facilité à faire face à vos tâches les plus importantes. Et, en développant ces habitudes, la tendance à procrastiner diminuera considérablement.

À présent, vous allez créer un ensemble d'habitudes quotidiennes efficaces en suivant les étapes ci-dessous :

1. Déterminez le lieu et le moment

Afin de préparer correctement votre mental, commencez vos habitudes quotidiennes à la même heure et au même endroit chaque jour. En vous immergeant dans votre tâche, l'inspiration et la motivation viendront, et vous réaliserez que ce n'était pas si difficile après tout.

2. Déterminez exactement ce que vous allez faire

La prochaine étape consiste à déterminer ce qu'il faut inclure dans vos habitudes matinales. Choisissez des activités simples qui vous aideront à entrer dans un état de concentration. Par exemple, vous pouvez méditer quelques minutes, vous faire une tasse de thé ou effectuer des exercices de respiration.

Assurez-vous d'éviter de vérifier votre téléphone, de regarder des vidéos YouTube ou toute autre distraction. Vous devez éviter toute stimulation, autant que possible, pour rester concentré.

3. Mettez-vous au travail

Une fois vos habitudes terminées, commencez tout de suite à travailler. Si possible, commencez par la tâche la plus importante. Lorsque vous aurez terminé votre tâche principale, vous éprouverez un agréable sentiment d'accomplissement qui vous aidera à accomplir plus de tâches au cours de la journée.

Si vous devez vous rendre sur votre lieu de travail, évitez de consulter vos courriels ou de faire quoi que ce soit qui pourrait vous distraire avant de terminer votre première tâche. Si nécessaire, arrivez un peu plus tôt.

4. Travaillez sans interruption

Enfin, assurez-vous de pouvoir travailler sans être distrait. Si vous le pouvez, éteignez votre téléphone ou le Wi-Fi. Supprimez les obstacles pour faciliter l'accomplissement de votre tâche. Vos tâches importantes doivent être aussi faciles à entreprendre que possible, tandis que les distractions doivent être difficiles d'accès. Par exemple, vous pourriez limiter le risque de vous laisser distraire en :

- éteignant votre téléphone ;
- désactivant le Wi-Fi ;
- utilisant un logiciel pour bloquer des sites Web spécifiques, comme les réseaux sociaux.

Vous pourriez aussi faciliter l'exécution de vos tâches clés en :

- gardant les fichiers que vous utilisez à portée de main ;
- évitant d'utiliser Internet avant de commencer à travailler sur votre tâche.

En fin de compte, vous pouvez réduire votre tendance à procrastiner en vous habituant à travailler sur vos tâches clés dès le matin. Aussi, aborder la journée avec un esprit détendu facilitera la régularité. En maintenant cette dynamique tous les jours, vous procrastinerez beaucoup moins et accomplirez beaucoup plus.

* * *

Mise en pratique

Créez votre routine quotidienne à l'aide du cahier d'exercices :

- Déterminez le moment de vos habitudes quotidiennes (première activité le matin si possible).
- Déterminez exactement ce que vous allez faire. Choisissez des habitudes simples que vous pourrez maintenir sur une

longue période. (La régularité est beaucoup plus importante que l'intensité.)
- Commencez dès aujourd'hui.

Téléchargez les fiches de travail *Procrastination Cure* et jetez-y un coup d'œil de temps en temps.

CONCLUSION

La procrastination est une tentative de placer le fardeau d'aujourd'hui sur les épaules d'un moi futur qui n'existe pas. Cela ne fonctionne pas.

Heureusement, lorsque vous comprenez la nature de la procrastination et son fonctionnement, vous pouvez réduire considérablement votre tendance à procrastiner chaque jour.

J'espère que durant ces sept derniers jours, vous avez pu surmonter certains obstacles mentaux et remplacer vos modèles mentaux obsolètes par des versions plus efficaces.

Cependant, vous allez encore procrastiner de temps en temps. Nous le faisons tous. Mais quand cela arrive, assurez-vous de faire preuve de compassion et de réorienter votre travail avec douceur. Reprenez vos habitudes quotidiennes et attelez-vous à vos tâches. Tant que vous avancez et que vous vous améliorez continuellement en chemin, vous accomplirez de grandes choses.

Chaque fois que vous vous sentez coincé, revisitez les exercices décrits dans ce livre.

Vous n'êtes peut-être pas aussi doué que vous le souhaiteriez. Vous n'êtes peut-être pas aussi productif que vous le souhaitez, mais en persévérant, vous allez inévitablement vous améliorer.

Il n'y a rien de plus agréable que de se voir apprendre de nouvelles choses, recueillir de nouvelles idées et progresser vers ses rêves.

Je vais vous laisser avec ces mots : retournez travailler.

Cordialement,

Thibaut

A propos de l'auteur

Thibaut Meurisse est l'auteur de nombreux ouvrages de développement personnel dont le best-seller "Master Your Emotions" qui s'est vendu à plus de 500 000 exemplaires à travers le monde et a été traduit dans plus de quarante langues.

Sa mission est d'aider les gens "ordinaires" à atteindre des résultats extraordinaires.

Ses livres vous seront particulièrement utiles si vous recherchez des exercices pratiques pour améliorer vos compétences et développer un état d'esprit plus positif.

Pour en savoir plus sur Thibaut :

amazon.com/author/thibautmeurisse

thibaut.meurisse@gmail.com

CAHIER D’EXERCICES

Premier jour – débloquez votre situation ; désencombrez votre mental

1. Terminez une tâche importante

Quelle est la tâche la plus importante que vous négligez d'accomplir ?

2. Désencombrez votre mental

À côté de cette tâche importante, faites une liste de toutes les autres tâches que vous devriez terminer :

Deuxième jour – Pourquoi vous procrastinez

Pour chaque affirmation ci-dessous, évaluez-vous sur une échelle de 1 à 10 (1 étant faux et 10 étant vrai). Soyez honnête avec vous-même. C'est pour vous que vous faites ce travail.

Je suis perplexe quant à ce que je dois faire ou comment le faire.

1 ______________________________ 10

J'attends que la motivation se manifeste.

1 ______________________________ 10

Je suis distrait et incapable d'accomplir des tâches difficiles.

1 ______________________________ 10

J'ai peur de produire un travail médiocre.

1 ______________________________ 10

Je n'ai pas déterminé de délai et je ne ressens aucune urgence.

1 ______________________________ 10

Je n'ai pas d'habitudes quotidiennes qui m'aideraient à commencer à travailler.

1 ______________________________ 10

Mon environnement est propice aux comportements improductifs ou toxiques.

1 ______________________________ 10

J'ai trop de choses à faire et je ne sais pas par où commencer.

1 ____ 10

À présent, essayez de réfléchir à toutes les raisons pour lesquelles vous procrastinez.

1. Notez trois tâches que vous repoussez depuis plusieurs mois ou un an.

1. ____

2. ____

3. ____

2. À présent, notez toutes les raisons pour lesquelles vous croyez avoir procrastiné. Soyez honnête avec vous-même. Est-ce la peur de produire un travail médiocre ? Est-ce parce que vous n'étiez pas suffisamment motivé ? Est-ce parce que vous ne saviez pas exactement comment aborder la tâche ?

3. Ensuite, réfléchissez profondément. Faites une liste de tout ce que vous pourriez faire pour arrêter de procrastiner ou au moins réduire cette tendance.

Troisième jour – Mieux comprendre la procrastination

Pour chaque affirmation ci-dessous, évaluez-vous de 1 à 10 (1 étant faux, 10 étant vrai).

Je sais exactement pourquoi je procrastine.

1 ____ 10

Je comprends parfaitement comment fonctionne la motivation.

1 ____ 10

Je comprends que la procrastination vient de pensées erronées.

1 ____ 10

2. Sur la base de ce que vous venez d'apprendre, écrivez deux choses précises que vous allez mettre en œuvre dès aujourd'hui pour éviter de procrastiner sur vos tâches les plus importantes ou sur ce que vous devriez faire.

1. ____

2. ____

3. Notez les conséquences à long terme si vous continuez à procrastiner. Pensez aux pires scénarios. Quels rêves resteront inaccomplis ? Quels objectifs ne réussirez-vous pas à atteindre ? Qu'arrivera-t-il à votre santé ? Prenez un moment pour visualisez en détail le coût réel de la procrastination dans votre vie. Exagérez le côté négatif du récit.

Les pires scénarios:

Quatrième jour – Clarifiez vos objectifs

En utilisant votre nouvelle compréhension de la procrastination, sélectionnez un des trois exemples que vous avez mentionnés pour le premier jour et répondez aux questions suivantes :

1. Pourquoi dois-je accomplir cette tâche ou ce projet ? Pourquoi est-ce important ? Et comment pourrais-je le rendre plus important et urgent pour moi ?

2. Est-ce que je sais exactement à quoi doit ressembler le résultat final ? Si ce n'est pas le cas, quelles étapes précises vais-je déterminer pour le découvrir ?

3. Est-ce que je connais la meilleure façon d'aborder la tâche ? Si ce n'est pas le cas, quelles mesures concrètes puis-je prendre pour y arriver ?

Cinquième jour – Développez une concentration à toute épreuve

1. Que pourriez-vous faire précisément pour réduire le niveau de stimulation auquel vous êtes exposé dans la journée ? Proposez au moins trois idées.

____

____

____

____

____

2. Quelle initiative unique allez-vous prendre aujourd'hui pour réduire les distractions et les stimulations, et faciliter l'accomplissement de la tâche la plus importante ?

Sixième jour – Libérez-vous de la peur

1. **Acceptez et embrassez vos sentiments.** Acceptez totalement votre peur de ne pas être à la hauteur.

2. **Pratiquez la compassion de soi.** Notez tout ce que vous pourriez accomplir à l'avenir en vous attelant aux tâches incontournables, qu'elles vous plaisent ou non (au lieu de procrastiner).

3. **Arrêtez d'exagérer votre situation.** Divisez vos tâches. Rendez-les aussi simples que possible.

4. **Considérez vous comme un élève à vie.** Vous ne serez jamais assez doué ni même parfait, parce que la vie est un éternel processus. Apprenez à apprécier ce processus.

Utilisez les amorces suivantes pour vous aider à redéfinir votre perception de vous-même :

- je ne suis peut-être pas aussi doué que je le voudrais, mais je m'améliore constamment et j'apprécie pleinement le processus ;
- j'aime me mettre face à des épreuves et accomplir des tâches difficiles parce que je sais que cela m'aide à m'améliorer ;
- j'adore apprendre et découvrir de nouvelles choses sur moi et sur le monde qui m'entoure ;
- je suis parfaitement bien où je suis actuellement, et j'ai hâte de me développer et d'en apprendre davantage.

Septième jour – Instaurez des habitudes quotidiennes bénéfiques

À présent, créons des habitudes quotidienne efficaces. Suivez les étapes ci-dessous.

1. **Déterminez le lieu et le moment pour vos habitudes quotidiennes.** Pratiquez-les en tout premier, dès le matin, si possible.

Quand vais-je pratiquer mes habitudes quotidiennes ?

Où vais-je pratiquer mes habitudes quotidiennes ?

2. **Déterminez exactement ce que vous allez faire.** Choisissez des habitudes simples que vous pourrez maintenir sur une longue période. (La régularité est beaucoup plus importante que l'intensité.)

Quelles habitudes spécifiques vais-je intégrer à mon quotidien ?

3. Commencez dès aujourd'hui.

4. Travaillez sans interruption.

Rappelez-vous que vos tâches doivent être faciles à commencer, tandis que les distractions doivent être difficilement accessibles.

Limitez les risques de distraction en :

- éteignant votre téléphone ;
- éteignant le Wi-Fi ;
- utilisant un logiciel pour bloquer certains sites (les réseaux sociaux, etc.).

Et vous aborderez vos tâches clés plus facilement en :

- conservant vos dossiers utiles à portée de main ;
- évitant d'aller sur Internet avant de vous mettre au travail.

Notes:

Notes:

AUTRES LIVRES DE L'AUTEUR

Dans la série Maîtrise de soi

Maîtrisez vos émotions: Guide pratique pour vaincre la négativité et mieux gérer vos émotions

Maîtrisez votre motivation: Guide pratique pour vous stimuler, raviver votre enthousiasme et maintenir votre motivation sur le long terme

Maîtrisez votre concentration: Guide pratique pour rester concentré et concrétiser vos projets

Dans la série Productivité

Détox de dopamine: Guide pratique pour éliminer les distractions et accomplir vos tâches clés

Action immédiate: Sept jours pour dépasser la procrastination et retrouver votre motivation

LIVRES EN ANGLAIS

Mastery Series

1. Master Your Emotions: A Practical Guide to Overcome Negativity and Better Manage Your Feelings

2. Master Your Motivation: A Practical Guide to Unstick Yourself, Build Momentum and Sustain Long-Term Motivation

3. Master Your Focus: A Practical Guide to Stop Chasing the Next Thing and Focus on What Matters Until It's Done

4. Master Your Destiny: A Practical Guide to Rewrite Your Story and Become the Person You Want to Be

5. Master Your Thinking: A Practical Guide to Align Yourself with Reality and Achieve Tangible Results in the Real World

6. Master Your Success: Timeless Principles to Develop Inner Confidence and Create Authentic Success

7. Master Your Beliefs: A Practical Guide to Stop Doubting Yourself and Build Unshakeable Confidence

8. Master Your Time: A Practical Guide to Increase Your Productivity and Use Your Time Meaningfully

9. Master Your Learning: A Practical Guide to Learn More Deeply, Retain Information Longer and Become a Lifelong Learner

Productivity Series

1. Dopamine Detox: A Short Guide to Remove Distractions and Get Your Brain to Do Hard Things

2. Immediate Action: A 7-Day Plan to Overcome Procrastination and Regain Your Motivation

3. Powerful Focus: A 7-Day Plan to Develop Mental Clarity and Build Strong Focus

4. Strategic Mindset: A 7-Day Plan to Identify What Matters and Create a Strategy that Works

Other books

Crush Your Limits: Break Free from Limitations and Achieve Your True Potential

Do The Impossible: How to Become Extraordinary and Impact the World at Scale

Goal Setting: The Ultimate Guide to Achieving Life-Changing Goals

Habits That Stick: The Ultimate Guide to Building Habits That Stick Once and For All

Productivity Beast: An Unconventional Guide to Getting Things Done

The Greatness Manifesto: Overcome Your Fear and Go After What You Really Want

The One Goal: Master the Art of Goal Setting, Win Your Inner Battles, and Achieve Exceptional Results

The Passion Manifesto: Escape the Rat Race, Uncover Your Passion and Design a Career and Life You Love

The Thriving Introvert: Embrace the Gift of Introversion and Live the Life You Were Meant to Live

The Ultimate Goal Setting Planner: Become an Unstoppable Goal Achiever in 90 Days or Less

Upgrade Yourself: Simple Strategies to Transform Your Mindset, Improve Your Habits and Change Your Life

Success is Inevitable: 17 Laws to Unlock Your Hidden Potential, Skyrocket Your Confidence and Get What You Want From Life

Wake Up Call: How To Take Control Of Your Morning And Transform Your Life

Made in United States
North Haven, CT
10 November 2026

22091534R00039